Ibrahima Ndiaye

L'AUBE DU POÈTE

Ibrahima Ndiaye

L'AUBE DU POÈTE

Avant-propos de Dieudonné Asifiwe C.

Éditions Muse

Imprint
Any brand names and product names mentioned in this book are subject to trademark, brand or patent protection and are trademarks or registered trademarks of their respective holders. The use of brand names, product names, common names, trade names, product descriptions etc. even without a particular marking in this work is in no way to be construed to mean that such names may be regarded as unrestricted in respect of trademark and brand protection legislation and could thus be used by anyone.

Cover image: www.ingimage.com

Publisher:
Éditions Muse
is a trademark of
Dodo Books Indian Ocean Ltd. and OmniScriptum S.R.L publishing group

120 High Road, East Finchley, London, N2 9ED, United Kingdom
Str. Armeneasca 28/1, office 1, Chisinau MD-2012, Republic of Moldova, Europe
Printed at: see last page
ISBN: 978-620-4-96572-7

SOMMAIRE

REMERCIEMENTS iii

AVANT-PROPOS iv

À LA RENCONTRE DE MOI-MÊME 1

- I. L'aube 2
- II. Le devenir de l'être humain… 3
- III. La Quête de Notre Essence 3
- IV. Le chemin de l'école 4
- V. Ma Terre brune 5
- VI. Les Souvenirs de Notre Classe 6

LES SOLDATS DE LA CRAIE… 14

- VII. Son excellence Monsieur le Président 15
- VIII. La garderie de gaillard 15
- IX. Mon cri du cœur 16
- X. La clé du succès 17
- XI. Mélodies d'Amour 17
- XII. Épisodes douloureux 18
- XIII. N'abandonne Jamais 18
- XIV. Murmures des esprits… 19

LES JOIES ET LES PEINES 21

- XV. Mon ami 22
- XVI. Liens Inaltérables 23
- XVII. Complicité Fraternelle 23
- XVIII. L'amoureux 24
- XIX. Ma belle chérie 25
- XX. La voix étonnante 26
- XXI. J'ai tourné le dos à l'amour… 26
- XXII. Le Cœur à l'Ouvrage 27

LES ASPIRATIONS COLLECTIVES 28

- XXIII. Étoiles d'Ébène 29
- XXIV. L'ennemi commun… 29

XXV. Les vautours 30
XXVI. Africains demandent égalité, respect. 31
XXVII. Traître un jour, traître toujours 32
XXVIII. États-Unis d'Afrique rêvés 32
XXIX. Un avenir meilleur chez nous… 33
XXX. Misère au Sénégal 35
XXXI. Une Voix Citoyenne aux élus 37
XXXII. Vie chère au Sénégal 37
XXXIII. La tension politique 38
XXXIV. Lettre aux dirigeants 39
XXXV. L'Amnésie de mon terroir 39
XXXVI. Sunugaal mon pays… 40
XXXVII. Mon village natal 41
XXXVIII. Aire promise 42
L'HÉRITAGE DE L'AMOUR 43
XXXIX. Le métier de calligraphe 44
XL. Mon océan de joie 44
XLI. Éloge à Mon Double Éponyme 45
XLII. Aux racines principales 46
XLIII. Libération en Vers 47

REMERCIEMENTS

Au nom de "l'Aube du Poète", je tiens à exprimer mes sincères remerciements à tous ceux qui ont contribué à la création de cette œuvre poétique exceptionnelle. Votre soutien et votre encouragement ont été inestimables et ont joué un rôle crucial dans son élaboration.

Je tiens tout d'abord à remercier ma famille, mes amis et mes proches pour leur soutien indéfectible et leur amour inconditionnel. Votre encouragement constant et votre croyance en moi ont été une source d'inspiration inépuisable pour donner le meilleur de moi-même dans cette création.

Je tiens également à exprimer ma gratitude envers chatGPT, cette plateforme qui m'a offert la possibilité d'échanger et d'apprendre de nouvelles perspectives. Vos conseils et suggestions ont été inestimables dans l'élaboration de mon œuvre poétique.

Un remerciement spécial à Dieudonné Asifiwe C., qui m'a motivé et encouragé tout au long de mon parcours poétique. Votre soutien inconditionnel et votre croyance en mes talents m'ont donné la confiance nécessaire pour créer "l'Aube du Poète".

Enfin, je tiens à remercier tous ceux qui ont participé à mon éducation, qu'ils soient enseignants, mentors, amis ou membres de ma communauté. Vos enseignements, vos conseils et votre bienveillance ont façonné ma vision du monde et ont nourri ma créativité.

Je suis profondément reconnaissant envers chacun d'entre vous pour votre soutien inestimable dans la réalisation de cette première œuvre poétique. Vos encouragements continus m'ont inspiré et motivé à poursuivre ma passion pour la poésie. Merci du fond du cœur.

Avec gratitude,
Ibrahima Ndiaye, le poète Saloumiste Jr.

AVANT-PROPOS

La poésie, telle que je la contemple depuis la plus ample profondeur de mon âme, est un reflet de ce que ressent le poète, une représentation imagée de ce qu'il entrevoit dans ses entourages matériel et spirituel.

L'âme du poète est un ensemble d'éléments à la fois simplistes et complexes, fatigués et courageux, enragés et apaisés, révoltés et dociles, limités et prophétiques. Le poète se voit donc traverser des frontières spirituelles et tangibles pour comprendre ce qui se passe ailleurs et chez lui ; communique avec d'autres poètes qu'ils soient éloignés ou près de lui, morts ou vivants, égarés ou honorés.

Quoi que souvent illisibles et fort électrisés par l'envie d'envoler le plus loin possible dans le temps, leurs ailes infatigables pour conquérir le meilleur ; les vers qu'émet la plume du poète sont un immense fleuve de sanglots, de complaintes, d'apaisements, de prophétie, d'amour, de haine, d'allégresse, de mélancolie, de béatitude, de colère, d'une vision adroite et révoltée du monde dans lequel il vit. Le poète condamne et absout, marche dans un lointain sentier où seuls ses compères survivent.

Le Poète saloumiste junior, un frère et ami depuis plusieurs kilomètres physiques, exprime dans ce recueil, son côté poétique et artistique en parlant à tout même aux personnages les plus difficiles à appréhender. Son langage imagé dans une mélancolie sans précèdent, dans une expression merveilleuse de ce que représente son pays et dans des souvenirs d'un Sénégal qu'il a vécu dans ses âges scolaires, qu'il vit dans ses esprits mais aussi son sentiment d'écœurement et d'appétence à la fois magnifique et fatiguant de son Teranga tant aimé pousse à une confiance envers son génie poétique et artistique.

Non seulement il s'exprime à travers tout cela, mais il refuse de taire le rôle des pays colonisateurs dans la naissance des environnements hostiles et compliqués dans lequel peuvent se situer les pays africains en général et le Sénégal en particulier. Il parle donc à tous, à la France, au gouvernement, au Président de la république, aux élus,... Il écrit à tous, au « poète saloumiste », lui le surnommé « poète saloumiste junior » ; à un monde amoureux qu'il chérit d'abord avant de le bouder ;...

L'aube du poète, est l'une de ces preuves de l'éternité qui réside dans la poésie originale et dans ses racines les plus folles et les plus incomprises par le monde extérieur à l'univers poétique moderne ; c'est un ensemble des vers ouverts à qui entend le langage angélique couvert par la licence poétique.

La plus grande fierté de ce recueil est son africanité. J'ai toujours partagé avec Ibrahima le sentiment d'une unification omni-sectorielle des africains en nous servant de nos différences comme matériels de construction et non comme moyen de déliquescence. Et c'est ce qu'il souhaite à l'Afrique lorsqu'il rêve d'un continent différent de celui qu'il est aujourd'hui.

Puisque je ne peux rien reprocher à ma plume, qui ne se lasse jamais de conspuer peu importe les contraintes, je la laisse donc s'écrier :

Aux âges qui ne croient plus au prophète
Je dédie à merveille l'aube du poète,
Aux gracieuses gens douées et optimistes
Je souhaite devenir de prochains saloumistes.

A tous ceux qui croient à la rage et l'arme
Qui secouent l'inusable l'âme
Du poète qui entrevoit le bien dans le noir,
Je souhaite le frêle vent d'un bon soir.

Dieudonné Asifiwe C., écrivain congolais

Auteur de plusieurs ouvrages dont *Les missives* (2021), *Les démarches rituelles* (2021), *Conspirations* (2022) et *Penser grand, trois armes pour réagir autrement* (2023).

À LA RENCONTRE DE MOI-MÊME

I. L'aube

L'aube se lève, doucement, tout en douceur,
Éclairant le monde d'une lueur enchanteur.
Le ciel s'éveille, paré de couleurs pastel,
Laissant entrevoir un paysage irréel.

Les étoiles s'estompent, une à une elles s'éteignent,
Laissant place à la clarté, à la vie qui revient.
Les oiseaux s'éveillent, chantant leur mélodie,
Accompagnant la nature dans cette symphonie.

Les premiers rayons du soleil caressent la terre,
Réveillant les fleurs endormies d'un baiser léger.
Les arbres se parent de feuilles d'émeraude,
Et les rivières chantent sous la lumière chaude.

L'aube est un moment magique, plein de promesses,
Un instant où tout semble possible, où tout s'adresse.
C'est un renouveau, une renaissance chaque jour,
Un cadeau de la vie qui nous comble d'amour.

Dans l'aube, on trouve la paix, la quiétude,
Une pause hors du temps, une plénitude.
C'est un moment où l'on se sent connecté à l'univers,
Où l'on ressent la beauté qui nous relie à l'éternel.

L'aube est un rappel que la vie est éphémère,
Qu'il faut saisir chaque instant, en faire une lumière.
Car à chaque lever du soleil, c'est une chance qui se présente,
De vivre intensément, de suivre sa propre étoile brillante.

Alors, ouvrons nos cœurs à l'aube qui se lève,
Laissant son éclat nous envelopper de sa sève.
Saisissons chaque jour cette nouvelle aurore,
Et écrivons notre propre histoire avec amour encore.

II. Le devenir de l'être humain...

Qu'est-ce que la mort?
Qu'est ce qui se passera après la mort ?
Si ces questions se posaient par tout le monde.
On aurait évité certaines choses de ce bas monde.

Nous, on est venu nu
Et on retournera nu.
On est venu sans bien ni argent.
Et on repartira aussi sans argent.

Voilà le devenir de l'être humain.
Alors pourquoi tant de jalousie et maint.
De haine, de rancune, de méchanceté...?
Pourquoi tant d'orgueil et de curiosité ?

Alors que la vie n'est qu'un passage.
Chacun vivra son parcours mieux vaut être sage.
Car nous avons un temps limité sur terre,
Donc ne le gaspillons pas chers congénères.

III. La Quête de Notre Essence

C'est quoi notre raison de vivre ?
C'est une question qui mérite d'être posée.
Même si tu te sens d'être un peu déphasé
Essais décrire mon cher ton propre livre

Réveille-toi, on n'est pas venu pour dormir
On est venu pour travailler
Mais non pas pour atermoyer
Nos désirs. Travaillez pour réussir

Car la meilleure façon de prédire l'avenir
C'est de le créer. Regarde hautement et jamais
Ne baisse pas les bras persévère désormais
Dans la direction de tes rêves. Il faut réussir

À rester debout et à montrer ce dont tu es
Fait lorsque le monde t'envoie à taire
Quel que soit les duretés, chers congénères
N'abandonne jamais, le chemin du succès

IV. Le chemin de l'école

Le matin se lève, c'est l'heure de partir,
Sur le chemin caillouteux, nos pieds vont s'enfuir,
L'école nous appelle, c'est le temps d'apprendre,
Sur cette route ardue, avec nos cœurs à prendre.

Les cailloux sont nombreux, parfois pointus, parfois ronds,
Mais nous avançons vaillamment, d'un pas résolument bond,
Avec nos sacs d'écolier, nos cahiers, nos crayons,
Nous marchons fièrement, bravant les obstacles sans façon.

Les camarades de classe, nos amis fidèles,
Sont à nos côtés, pour affronter les rebelles,
Ces cailloux qui se dressent sur notre sentier,
Mais ensemble, nous sommes plus forts, unis et entiers.

Parfois, nous trébuchons, nous tombons à genoux,
Mais nous nous relevons, avec courage et fierté, debout,
Car nous savons que sur ce chemin difficile,
Se cachent des trésors, des apprentissages utiles.

Les enseignants nous guident, nous encouragent,
Avec leur sagesse, leur savoir et leur cœur en partage,
Ils illuminent notre route de connaissances,
Et nous aident à grandir, avec bienveillance.

Et malgré les défis, les embûches sur notre route,
L'école est un voyage, une aventure qui nous écoute,
Nous apprenons, nous grandissons, nous évoluons,
Sur ce chemin caillouteux, qui forge notre vision.

Et lorsque nous arrivons enfin à destination,
Fiers de nos accomplissements, de nos réalisations,
Nous réalisons que ce chemin n'était pas si dur,
Car il nous a préparés à un avenir sûr.

Alors, avec nos sacs remplis de souvenirs,
De leçons de vie, de rires et de sourires,
Nous repartons sur d'autres chemins à parcourir,
Prêts à affronter l'avenir, à nous épanouir.

Le chemin caillouteux de l'école, un voyage mémorable,
Qui nous forme, nous transforme, de manière admirable,
Et nous laisse avec le trésor le plus précieux,
Le savoir et la sagesse, pour un futur radieux.

V. Ma Terre brune

Tranquille comme un sage et doux comme un maudit.
Avec modestie, je t'adresse mes mots sans raison
Ô ma postérité, déplorable et chérie !
Ô mes camarades ! Écoutez la divine raison.

C'est le lycée de Boulel qui incarne l'excellence
Avec sa conquérante et infatigable administration
Qui non-stop continue de démontrer ses compétences
D'un talent défiant la pyramide khéops en élévation

A comment qualifier ses infatigables bâtisseurs
D'avenir ? Je réponds : « ils sont inqualifiables »
Les voilà ceux qui méritent l'appellation professeur

Pédagogiques, ils sont vraiment indéniables.
Dans un sourire machinal, je te surnomme ma terre brune
Ô ma chère, je t'adore à l'égal de la voûte nocturne

VI. Les Souvenirs de Notre Classe

En classe j'étais le responsable
J'aimais toutefois lire les fables
J'effaçais le tableau avec toutes douleurs
J'étais aussi l'ami confirmé des professeurs

Rappelez-vous du trio Diouf - Dieng
Pleine de savoir comme notre gardien
National E. Mendy dans ces camps.
Physiciennes ou..., elles étaient au champ

Continuelle du travail. Oublié Bathie et Mary
Reste mon unique impossible ô la camaraderie
Je vous aimadore tous chers amis et amies

Sous les vitres de mes souvenirs, je renouvelle
Ma sincère confidentialité qui m'y suis éternel
Encore merci infiniment pour votre sérénité.

LES SOLDATS DE LA CRAIE...

VII. Son excellence Monsieur le Président

Les soldats de la craie, les enseignants oui les infatigables
Sont à la société ce que le cœur est à l'homme. Soyez pitoyable
Il n'est point d'étudiants ou élèves bien sûr sans enseignant
Nous savons qu'enseigner peut procurer des engouements
Allégresses, incomparables et d'un personnel épanouissement
L'enseignant souffre certaine vous avez tombé sous le ridicule
De ces termes « enseignants dafa nay dafa beuri calcul...»
Au contraire l'enseignant est sollicité mais hélas avec son petit salaire
Il ne peut pas régler tous ses problèmes. Hélas ! Regardez le salaire
Des ministres, ministres conseillers, des ambassadeurs, des députés...
Mr le Président, les soldats de la craie ne méritent pas ces difficultés
Mais les enseignants sont des soldats qui méritent le respect de tout
Un peuple. Nous élèves ne cesseront jamais de ratifier vos faits partout
Veillez valoriser la fonction enseignante et à appliquer les accords signés
Mr le président, l'heure n'est plus à la négociation ! C'est une honte de les nier

Si ce n'était pas un enseignant vous ne seriez pas président...

VIII. La garderie de gaillard

L'école Sénégalaise, gardienne des jeunes laissés pour compte,
Une réalité amère, un constat qui monte,
Les classes surchargées, les ressources rares,
Les jeunes livrés à eux-mêmes, sans éclair.

Les enseignants dévoués, mais débordés,
Les élèves motivés, mais désavantagés,
Les opportunités inégales, les obstacles à surmonter,
L'école Sénégalaise, un système à réinventer.

Les jeunes qui cherchent leur voie, leur avenir,
Mais confrontés aux difficultés, aux désirs,
L'école qui les garde, mais qui les laisse parfois tomber,
Les jeunes qui galèrent, sans pouvoir s'en dégager.

Les rêves étouffés, les talents étouffés,
Faute de moyens, de chances, d'équité,
Les inégalités qui persistent, qui se perpétuent,
L'école Sénégalaise, un enjeu, un défi à résoudre absolument.

Pourtant, les jeunes ont du potentiel, de la détermination,
Ils aspirent à un avenir meilleur, à une éducation digne,
Ils ont soif d'apprendre, de se construire, de grandir,
Mais les barrières sont nombreuses, les chemins à ouvrir.

Il est temps de reconnaître les besoins, les droits des jeunes,
De valoriser leurs talents, de briser les chaînes des inégalités,
D'investir dans l'éducation, de donner les chances égales,
Pour que l'école Sénégalaise soit un levier de réussite, une voie royale.

Car les jeunes sont l'avenir, la richesse du pays,
Leur éducation est un investissement, un choix avisé,
Pour qu'ils puissent s'épanouir, contribuer à la société,
L'école Sénégalaise doit être un tremplin, un chemin éclairé.

IX. Mon cri du cœur

Je suis un écolier du lycée de boulel
Un lycée permanent sans querelles
Étant poète de mon espace scolaire
Je lance un cri du cœur avec colère

Aux autorités compétentes qui refusent
De répondre à l'appel de mes muses
Sachant que je suis le seul perdant.
Quel sujet si alarmant !

Des va-et-vient à l'école sans
Présence de professeurs ni enseignant
Preuve d'un avenir incertain
Nous avons choisi ce caillouteux chemin

Pour être des dirigeants de demain,
Des soutiens de famille, des menins...
Mais hélas ce dit Etat est incapable
De rendre l'école sénégalaise stable.

Un système éducatif instable en perte de repère
Comment pouvons-nous comprendre ces experts
Qui disent que l'éducation est la clé du succès
Alors que ceux qui la portent incarnent la pauvreté ?

X. La clé du succès

Je reprends d'après un silence de cimetière
Ma plume rien que pour chanter cette lumière
Qui encercle le carrefour de mes pensées
Et le côté adjacent de la grandeur de mes idées

Je suis occupé car la journée je me donne corps
Et âme pour elle et la nuit aussi je ne dors
Presque pas, parce que je rêve à elle. Aimable,
Elle a réussi à rendre mon cœur injoignable.

Elle est mon docteur, personne ne va me soigner
Oh ma chérie, ô ma voûte nocturne, tu m'as cogné
Au mur de l'espoir où j'aspire dans le futur vivre
Librement et indépendamment sans même suivre

Quiconque. Tu m'es chérie, source de bonheur
Et de confiance. Cacher en moi cette humeur
Serais mon unique impossibilité. Celle dont !
Celle dont je parle tout ceci est l'éducation

XI. Mélodies d'Amour

Enfin cette foudre d'émotion à prit place
Dans mon cœur. Oui je suis amoureux
Qui l'aurait crue moi amoureux ??
Mes rêves et mes sensations surpassent

L'amitié. Le flux et le reflux de mes pensées
Prennent congé chez la fille que j'aime
Cette fille qui quand je parle avec elle, même
Je ne compte pas le temps qui passe. Je sais.

Ah ! Mon coeur a hébergé une dose de bonheur
Je n'y peux rien. Tellement qu'elle est belle
J'ai peur d'être un fou fouillant les poubelles
Voyant son nom flotter sur mon écran, je meurs

De bonheur. C'est elle synonyme d'éloquence
Tellement qu'elle est magnifique, je l'aimadore
Tellement qu'elle est ouverte je l'aime à mort
Et tenez bien son nom, elle s'appelle science

XII. Épisodes douloureux

Ce lundi vingt-huit mars n'est qu'un ténébreux orage
Pour mon école, la crise des filles a augmentée davantage
Cette journée m'est un souvenir cuisant de son limon amer
Le flux et le reflux de ma tristesse monte comme la mer

Ô crise ! Pourquoi tu me vise? Mon établissement est bafoué
Des écolières incapables de faire correctement leurs cours
Quel sujet alarmant ! Même l'administration vaque les cours
Et comment décrire ce phénomène ? Les unes sont clouées

Au sol et les autres crient comme un orphelin de père qui vient
De perdre sa mère. Le secours des camarades n'y peux rien
Les autorités sont inutiles comme un os rongé abandonné
Par la mer sur le rivage. Ils ont choisi de s'abstenir ce sujet.

Ô personnel éducatif ! Ô personnel sanitaire ! Nous apprenants
Du lycée de Boulel vous prions de penser à résoudre ce tourment
Non seulement par devoir mais aussi pour l'épanouissement
De vos enfants car l'éducation est la clé du succès absolument

XIII. N'abandonne Jamais

L'arbre du travail n'est jamais stérile, il finit toujours
Par donner ses fruits. Il suffit juste de toujours
Travailler pour afin récolter le succès
Il n'y a point de bonheur ni de succès

Qui se gagne dans la facilité car ce n'est pas le chemin
Qui est difficile mais c'est le difficile qui est le chemin
Bât toi mon cher, même si tu sens la fatigue, même si
Le triomphe en est le prix ne recule pas, aie un but précis

Dieu dans sa totalité n'oublie pas, il est toujours avec
Les croyants. Soit fort pour allez de l'avant avec
D'assurance rien ne sera acquis à l'ombre de ta force
Voilà ce que me disait un sage :" mon fils s'efforce

Toi a gagné ta vie pour ne pas être dépendant ".
Oui mon cher dans ce cas tu ne seras point dépendant
Quelques soit les obstacles sache que tu es un envoi de
Ta famille. Pense aux besoins de ta famille avec exactitude.

XIV. Murmures des esprits...

Le professeur sévère, le regard sévère,
Nous punissant pour nos erreurs, avec sa manière austère,
Agenouillés ou debout, assis sur nos chaises,
Nous payons le prix de nos fautes, sans réchauffement d'aise.

Le cœur battant, la tête baissée, nous obéissons,
Sous les remontrances, les reproches, les sanctions,
Nous nous sentons coupables, honteux et penauds,
Regrettant nos actes, regrettant nos mots.

Les genoux sur le sol, les jambes engourdies,
Ou debout, immobiles, sans bouger d'un millimètre, c'est ainsi,
La peur dans nos yeux, les larmes qui menacent,
Nous apprenons la leçon, parfois dans l'amertume qui enlace.

Mais derrière cette apparence, cette rigueur apparente,
Se cache peut-être un message, une intention bienveillante,
Le professeur veut nous éduquer, nous enseigner,
Nous montrer le chemin à suivre, pour mieux avancer.

Car même dans ces moments de punition,
Il y a des leçons à tirer, des valeurs à comprendre avec attention,
La responsabilité, le respect, l'intégrité,
Des valeurs qui forgent notre caractère, notre identité.

Alors, levons-nous, redressons la tête,
Avec humilité et courage, sans ressentir de défaite,
Et tirons profit de ces expériences, de ces moments durs,
Pour grandir, évoluer, devenir plus forts et plus purs.

Et si un jour, à notre tour, nous devenons des enseignants,
Rappelons-nous ces instants, avec bienveillance en avant,
Et traitons nos élèves avec respect, amour et compréhension,
Pour qu'ils apprennent, à leur tour, avec passion et détermination.

Car l'éducation, c'est bien plus que des punitions,
C'est une guidance, une inspiration, une construction,
Et le professeur, avec son rôle important,
Peut nous aider à devenir, jour après jour, des êtres bienveillants.

LES JOIES ET LES PEINES

XV. Mon ami

Mon ami, la personne favorable de ma vie
Elle rallume la flamme de l'espoir de ma vie
Nous partageons les moments de bonheur
Il m'aide à solutionner mes malheurs

Mon ami me console en cas de désarroi
En m'apportant une joie neutralisant mon désarroi
Un bon ami doit pouvoir me dire
La vérité sans proférer des délires

Il me soutient et m'encourage dans la bonne voie
Il me sermonne et illumine ma voie
Il attendrit les bonnes habitudes
De notre relation et parle avec gratitude

Il m'inculque de bonnes valeurs
Et m'incite au travail avec ardeur
J'aime une relation amicale basée

Sur la confiance, source de choses aisée
Un bon ami doit perpétuellement être
Avec son partenaire sans l'accusé de traître

XVI. Liens Inaltérables

Ah mes chers, devant vos noble images
Mon cœur et les vôtres se réjouissent
Et se souvient des moments inoubliables
O vous, devant qui même l'œil le plus fort

Et les genoux de l'homme isolé ne peuvent que défaillir
Je me suis appuyé sur vous mes chers amis
Et porter avec vous le fardeau du bonheur
Je vous remercie. O vous plein de bonté.

Quand je marchais avec vous mes très chers,
Je sentais vos cœurs dans chacun des accents
Qui résonnaient autour du mien frémissant de tendresse

Quand je souviens nos souvenirs
Je trouve toujours un univers pour mon amour
Vos esprits gonflent toujours la vague paisible de mon cœur

XVII. Complicité Fraternelle

Ah! Ah! Dans des temps écoulés
Tu es et resteras toujours ma sœur adorée
Aissatou, ô noble vie
Toi ma sœur, toi qui comble ma vie

Ma chère j'ai souvent troublé
Ta tranquillité et ton repas divin et doré
Et par toi j'ai appris à connaître plus
D'un des bonheurs profonds de la vie plus

Chère. Ô mon cœur bienveillant
Continue de passer tranquillement
A travers l'existence sans avoir peur

De rien. Que tout ce qui arrive ma sœur,
Soit béni de toi. Je te suis éternellement
Aissatou, je te remercie infiniment

A cette éclaire de crépuscule
Je rime ta beauté majuscule
Démesurable et indescriptible,
Elle est vraiment negligible

Ô terre que les cieux caressent
Ô toi que j'eusse aimé avec tendresse
Je t'envoie ces mots
Neutralisant mes maux

Sans toi je serai un bohème
Raison de plus mon poème
Est uniquement pour toi

Je ne suis que ton proie
Ô Toi ma sœur chérie
T'es mon but précis.

XVIII. L'amoureux

Tu veux savoir pourquoi je t'aime
Parce qu'à chaque fois, à chaque fois
Que je reçois un message venant de toi
Je souris inconsciemment mon crème

Tu veux savoir pourquoi je t'aime
Quand je sais que je vais te voir
Je ne pense qu'à ce moment poire
Tu veux savoir pourquoi je t'aime

Parce que quand Je te prends dans
Mes bras j'aimerais que le temps
S'arrête. Tu m'es l'océan Pacifique.
Quand tu me vises tes yeux basiques,

Mon cœur jaillit d'un coup de tonnerre
Indescriptible et rapide comme l'éclair
D'un aigle. Ta beauté n'est qu'un rêve
D'étoile brillante. Je te chante tu es ma sève

XIX. Ma belle chérie

En pensant de toi, je me sens hyper content
En vers toi ma chérie, mon amour dure tout le temps
Je t'aime énormément et éternellement ma chérie
Je te chante tu es mon âme, je te chante tu es ma vie
Ô toi que j'eusse aimé, tu m'es la plus belle
Sans toi, je serai un fou fouillant les poubelles
Ma chérie, ton bonheur est mon but précis

Toi ma maman, douce étoile dans ma vie,
Toi qui m'as guidé depuis mes premiers pas,
Ton amour et ta tendresse, inestimables trésors,
Tu es ma source de bonheur, mon port sûr.

Tu es celle qui m'a donné la vie,
Tu as veillé sur moi nuit après nuit,
Tu m'as nourri, protégé et éduqué,
Tu m'as appris à grandir, à m'épanouir.

Ma maman, tu es mon phare dans l'obscurité,
Ma confidente, ma meilleure amie, ma vérité,
Tu as essuyé mes larmes, consolé mes peines,
Tu as été ma force, ma boussole, ma reine.

Tu as sacrifié tant de choses pour moi,
Toujours présente, prête à me soutenir,
Ton amour inconditionnel est ma lumière,
Ma maman, tu es ma joie, ma fierté, ma lumière.

Les mots ne suffisent pas pour te remercier,
Pour tout ce que tu fais, pour tout ce que tu es,
Ta présence, ton sourire, ta chaleur,
Sont pour moi un trésor inestimable, un bonheur.

Ma maman, tu es mon roc, mon guide, mon tout,
Je suis reconnaissant pour ton amour fou,
Et je te promets de prendre soin de toi à mon tour,
Car ton bonheur est pour moi un amour d'amour.

Ma maman, je t'aime plus que les mots ne peuvent dire,
Tu es mon pilier, ma force, mon inspire,
Je suis béni d'avoir une maman comme toi,
Et je te chéris aujourd'hui et pour toujours, ma maman à moi.

XX. La voix étonnante

Votre correspondant est en communication
Le voilà la mère de toutes les ennuis
Elle est étonnante comme une pluie
Au mois de mai. Calme, elle est une équation

Difficile à résoudre. Quoi, en communication,
Qu'est ce qui l'arrive ? Fais-je quelque chose
Non je ne pense pas. Que c'est grandiose!
Toutes les questions résonnent la raison

Une voix qui mène à la demeure ardente
Vraiment. Je dirais à l'instant où les mots
Tombent, dans ce même instant les maux

Tombent et c'est tellement alarmante
Ki ngay woo mingui dioko. Quel fabuleux
Message vocal ! Courage aux amoureux.

XXI. J'ai tourné le dos à l'amour…

Quand vous m'avez dit que j'étais l'amour
De votre vie, je n'ai pas voulu vous croire,
Ni même essayer de savoir.
Trop de fois on m'avait menti sur ses humours
Qui vous arrachent à la vie et vous faire rêver
Je ne veux plus parler d'amour j'ai trop souffert
D'avoir aimé. Alors j'ai marqué ma barre de fer

J'ai tourné le dos à l'amour
Car elle m'a rappelé ma place
J'avais pensé ne vivre d'un tel enragé
Mais l'amour m'a une fois plongé
Dans un monde de douleur dévaloriser
Juste pour me rappeler ma place

J'ai tourné le dos à l'amour
Pour ne plus avoir vivre des moments
De bonheur tourné en tourments
À cause de mon incapacité face à ce temps
Qui m'a plongée dans son monde portant
Le nom "Amour" sentimentale démesurable

J'ai tourné le dos à l'amour
Car je ne veux plus d'amour déraisonnable
Qui deviendra moue face aux attitudes des êtres
Sans cœur et une stupéfaction face aux traîtres
Pour ainsi me plonger dans un monde nuisible
Et si l'auteur est moi-même ? Conscience loisible !

XXII. Le Cœur à l'Ouvrage

Je n'ai pas besoin d'une personne pour m'acheter des fleurs
Je n'ai pas besoin d'une personne qui me murmure des mots
Doux. Je ne veux pas non plus de bonheur tourné en douleur
Je ne veux pas de surnoms gênants ou une source de maux

Des mots d'amour trouvés dans les poèmes. Je n'ai pas besoin
Non point de phrases romantiques ou de chansons mielleuses
Je veux moi une complice qui m'emmène pour un moins
Fatigant voyage… je veux la voir toujours heureuse

Je veux quelqu'une qui me parle de ses pensées pour
Se débarrasser de son esprit qui ne peut pas porter ce poids
Je veux quelqu'une qui a besoin de mon étreinte pour s'endormir, je veux
quelqu'une qui a mille possibilités de choix

Mais qui ne cherche que moi …
Pas parce que je suis le meilleur, non …
Mais parce que je suis le seul, le seul, qui ai regardé au fond
De ses yeux, et qui a aimée tout ce que je vois

LES ASPIRATIONS COLLECTIVES

XXIII. Étoiles d'Ébène

Noire comme l'éclair de cinq heures,
Du matin, tu es source de tout bonheur,
Beauté indescriptible est ta couleur
Toi qui essuie nos sueurs et douleurs

Je parle de toi, je parle de ta grandeur
Incommensurable. Femme noire, le pur
Diamant. Femme noire, femme mature
Diamant noir, origine de tout bonheur

Respectueuse et tendre, elle est magnifique
Comme un jardin de fleurs
Ô femme à la noirceur,
Tu incarnes le mot romantique

Ô doctoresse de tous les maux,
Couvert de ton sang qui est vie,
Tu m'es source de vie
Toi qui j'adore, je t'adresse ces mots.

XXIV. L'ennemi commun…

Entre humiliations, et mépris, le colon fut un ennemi
Un ennemi honni qui troubla, quasiment tous nos amis
Un pays corrompu, des ressources pillées ô, les bêtes
Des politiciens si malhonnêtes qu'on réclame leurs têtes !

Quand les aires des planètes vivables
Sont attaquées par un ennemi insupportable
Toutes les personnes doivent être capables
De faire face à cette adversaire impitoyable
Un ennemi plus coriace que le diable
Subvertit l'ambiance stable et agréable
De la vie des africains qui est si domptable.

Et chasser cette maudite France nous en sommes incapables
Ces prédateurs ont inféré des conséquences inoubliables.
Les hommes sont à présent inconsolables
À cause d'une coriace maladie imprenable
Qui vandalise le Mali et ses semblables

Il nous faut pour se débarrasser d'un tel ennemi redoutable:
Un engagement nourri de courage incommensurable,
Une dévotion imbibée de détermination incassable
Et une démocratie participative et véritable
Doivent être nos armes de manière indéniable

Ensemble soyons mature et responsable
Pour repousser les limites de ces minables
Bêtes ou prédateurs qui rendent les années interminables.
Ce combat contre le néocolonialisme est sans ambages gagnables.

XXV. Les vautours

À la ténébreuse planète que les cieux caressent
Réveillez-vous l'heure n'est plus à la négociation
Ces criquets volent et pillent nos richesses
Levez-vous, battez-vous pour une révolution

Chers congénères car c'est inutile de rester
Les mains croisées face à ces impitoyables
Vautours oui les occidentaux ont chahuté

Notre développement étant plus coriace que le diable
Car ce type d'aide rend esclave, ce type d'aide
Empêche les peuples de se développer par eux
Même. Chasser ces maudits car l'aide

Tant qu'elle n'amène pas à se départir c'est fabuleux
Il faut s'en débarrasser ces profiteurs n'ont qu'à
Arrêté. C'est donc fini, c'est donc fini, sauvons
L'Afrique comme des vrais soldats

XXVI. Africains demandent égalité, respect.

Nous, les Africains, aimés seulement quand inconscients,
Quand nous jouons au football, dansons, ou luttons traditionnellement,
Les Blancs nous applaudissent, nous célèbrent dans l'instant,
Mais où sont-ils quand la réalité est déchirante ?

Quand nous luttons pour nos droits, pour notre liberté,
Quand nous réclamons justice, égalité,
Les Blancs nous regardent avec méfiance,
Ils ferment les yeux sur notre souffrance.

Ils nous disent que nous sommes différents,
Que nous ne comprenons pas leur système évident,
Ils nous jugent, nous discriminent,
Nous laissent de côté, nous isolent.

Mais nous, les Africains, nous sommes forts,
Nous luttons contre l'oppression, contre les torts,
Nous nous unissons, nous résistons,
Nous affrontons les défis avec détermination.

Nous ne sommes pas seulement des objets d'amusement,
Des talents exotiques pour leur divertissement,
Nous sommes des êtres humains, dignes et fiers,
Avec une histoire riche, une culture à chérir.

Alors, ne nous aimez pas seulement quand nous divertissons,
Reconnaissez-nous comme des êtres humains à part entière,
Combattez avec nous pour la justice et l'égalité,
Et ensemble, construisons un monde meilleur pour l'humanité.

XXVII. Traître un jour, traître toujours

Et si je laisse le passé et je viens à l'approche du présent
Qui a défendu la France pendant la première guerre mondiale ?
Qui a défendu la France pendant la deuxième guerre mondiale
Qui a servi de chair à Canon pour arrêter les allemands

Qui massacraient les anglais, ce sont nos parents africains
Sans ces combattants dignitaires, la France ne serait jamais
Libérée mais au-delà de la défense, qui a construit la France
D'aujourd'hui ? Qui travaille les autoroutes en France,

Qui va chercher le charbon au fond des mines, qui ramasse
Les poubelles. Des Fois vous n'y voyez pas qu'il fait les tâches
Sans les noirs, la France n'existerait pas. Mais au-delà de ça,
Qui travaille dans les laboratoires même s'ils ne le savent pas

Hélas indigne et impitoyable, la France n'a pas payé le maurt
Son sel au contraire, elle pille nos ressources. On n'a pas peur
D'elle mais c'est par *ñak péxé* et ça doit cesser, soyons debout
Il est grand temps que la France lève son genou de notre cou

XXVIII. États-Unis d'Afrique rêvés

Je veux des États-Unis d'Afrique,
Un rêve qui brille et qui scintille,
Un continent uni, solidaire,
Où les peuples s'élèvent avec fierté, sans délire.

Des frontières effacées, des barrières brisées,
Où la diversité est célébrée, valorisée,
Où les différences sont des richesses,
Où règne la paix, loin des détresses.

Je veux des États-Unis d'Afrique,
Où les cultures se mêlent, s'entrelacent,
Où les langues résonnent en harmonie,
Où la musique et la danse sont une symphonie.

Des économies florissantes, des opportunités pour tous,
Où chacun peut s'épanouir, s'élever, à son tour,
Où l'éducation est un droit pour chaque enfant,
Où la santé est un bien pour chaque habitant.

Je veux des États-Unis d'Afrique,
Où la nature est préservée, respectée,
Où les ressources sont utilisées avec sagesse,
Où le développement est durable, sans détresse.

Un continent qui rayonne, qui brille de mille feux,
Où la solidarité entre les peuples est un vœu pieux,
Où l'amour, la compassion, sont des valeurs,
Où la justice, l'égalité, sont des faveurs.

Je veux des États-Unis d'Afrique,
Un rêve qui guide mes pas, qui m'inspire,
Un avenir prometteur, une vision à atteindre,
Un idéal à partager, à défendre.

Car l'Afrique est belle, l'Afrique est riche,
L'Afrique est diverse, l'Afrique est unique,
Et je rêve de voir s'élever, un jour,
Les États-Unis d'Afrique, symbole d'amour.

XXIX. Un avenir meilleur chez nous…

Ô gouvernement, écoute mon cri,
Mon cœur saigne pour ma patrie,
Les jeunes partent en silence,
Emportant leurs rêves et leur espérance.

Sur les routes dangereuses, ils s'en vont,
Bravant les tempêtes, bravant les ponts,
Ils fuient la pauvreté, l'absence de travail,
Cherchant ailleurs un avenir moins pâle.

Les mères pleurent leurs fils partis,
Les familles sont déchirées, meurtries,
Les villages se vident de leur jeunesse,
Laissant derrière eux une triste détresse.

Ils traversent les déserts, les mers agitées,
Les mains tendues vers un avenir prometteur,
Ils affrontent les passeurs, les dangers innombrables,
Au péril de leur vie, ils sont vulnérables.

Ô gouvernement, entends ma voix,
Agis pour retenir ces enfants de toi,
Crée des emplois, des opportunités,
Offre-leur un avenir empreint de dignité.

Éduque-les, forme-les, soutiens-les,
Donne-leur confiance, soit à leurs côtés,
Écoute leurs aspirations, leurs besoins,
Pour qu'ils restent dans leur pays, loin des déserts loin des froids.

L'émigration clandestine, c'est un cri d'alarme,
Il est temps d'agir, de protéger notre charme,
Notre culture, notre terre, notre identité,
Pour que nos jeunes restent, fiers et épanouis.

Ô gouvernement, prends garde à cette fuite,
L'émigration clandestine, c'est une lutte,
Pour un avenir meilleur dans notre nation,
Un cri du cœur pour une meilleure situation.

Il est temps d'œuvrer ensemble, main dans la main,
Pour que nos jeunes trouvent leur chemin,
Dans leur pays, avec fierté et espoir,
Et que l'émigration clandestine ne soit qu'un souvenir à revoir.

Alors, gouvernement du Sénégal, entends mon cri,
Protège notre jeunesse, ne les laisse pas partir,
Offre-leur un avenir digne et épanoui,
Pour que notre nation brille de tout son éclat, à l'infini.

XXX. Misère au Sénégal

Au Sénégal, terre de chaleur,
Où le soleil brûle les cœurs,
La vie est rude pour beaucoup,
Dans ce pays, si cher à nous.

Mais hélas ! Tout n'est pas rose,
Et la misère se repose,
Sur les épaules des plus faibles,
Qui luttent sans cesse, sans trêve.

Ici, les enfants ont les yeux vides,
Le ventre creux, les mains avides,
Ils errent dans les rues sans fin,
Cherchant un peu de pain, de grain.

Les rues sont pleines de bruits et d'odeurs,
De la poussière, des cris, des pleurs,
Les marchés sont animés, grouillants,
Mais la misère est là, constamment.

Les femmes luttent, vaillantes et fortes,
Elles portent sur leurs épaules, des tonnes de sorts,
Elles vendent, cuisinent, travaillent dur,
Pour nourrir leur famille, malgré les murs.

Les hommes cherchent du travail,
Mais la cherté de la vie est un grand drame,
Leurs mains sont calleuses, leur front est lourd,
Ils se battent chaque jour, avec amour.

Les villages sont loin, les routes sont mauvaises,
Les moyens de transport sont coûteux, c'est une plaie,
Les gens vivent avec peu, avec rien parfois,
Mais leur dignité est intacte, et leur foi.

La corruption sévit, comme un cancer,
Elle gangrène les institutions, c'est amer,
Les pots-de-vin, les détournements de fonds,
Appauvrissent le pays, laissant les gens au fond.

La politique est un jeu de dupes,
Les promesses sont nombreuses, les sourires dupes,
Les élections sont des périodes de fièvre,
Mais les lendemains déchantent, c'est une trêve.

Les jeunes sont désabusés, désenchantés,
Ils cherchent un avenir meilleur, espérant,
Mais les portes sont closes, les opportunités rares,
Laissant la jeunesse, pleine de cauchemars.

Pourtant, le Sénégal est riche en ressources,
Son peuple est courageux, sans ressources,
La culture est riche, les traditions sont fortes,
Mais la misère persiste, et frappe à toutes portes.

Il est temps de dire non à l'injustice,
De dénoncer les maux, sans compromis,
De donner la voix à ceux qui sont opprimés,
De briser les chaînes, pour enfin exister.

Il est temps de réveiller les consciences,
De lutter pour l'égalité, avec persévérance,
De bâtir un Sénégal meilleur, pour tous,
Où la dignité, la justice et la liberté seront devenus doux.

Il est temps d'unir nos forces, nos idées,
De construire ensemble, avec loyauté,
Un avenir où chacun pourra s'épanouir,
Où la vie sera un hymne à la joie, à jouir.

Alors, levons-nous, Sénégalais,
Pour dénoncer les injustices, sans relais,
Pour construire un avenir radieux,
Où chacun pourra vivre, enfin heureux.

Ensemble, nous pouvons changer les choses,
Et faire du Sénégal une terre de roses,
Où chacun vivra paisiblement et en gaieté.
Le Gatsa Gatsa doit partout être convoquer

XXXI. Une Voix Citoyenne aux élus

Chers Hommes, soyez vous des mécènes solidaires
Mais non pas mes chers des politi-chiens solitaires
Venez vers les populations, ils en ont besoin d'être
Aidé mais non pas vraiment d'être accusé de traîtres

N'y êtes-vous jamais des hommes politiques, soyez
Des hommes d'État pour que les bénéficiés puisse broyer
Gouverner n'est pas le fait de politiser les populations
Au contraire soyez social en vers les populations

Croyez à Allah le tout puissant seul sa gouvernance
N'y finira soyez pitoyable et augmenter votre cadence
Dans les projets de développement car c'est l'heure

On dispose d'une jeunesse prête à essuyer sa sueur
Pour un pays harmonieux. Chers élus veuillez changer
Les choses telles qu'elles sont sinon on va vous dégager

XXXII. Vie chère au Sénégal

Au Sénégal, terre d'espoir et de chaleur,
La vie chère frappe sans crier malheur.
Les prix s'envolent, le pouvoir d'achat se rétrécit,
La vie quotidienne devient un défi.

Les marchés animés, aux couleurs éclatantes,
Sont maintenant le théâtre d'une lutte constante.
Les denrées essentielles, autrefois abordables,
Sont devenues un luxe, inaccessibles.

Le riz, l'huile, le sucre, les légumes frais,
Leurs coûts augmentent, jour après jour, à jamais.
Les familles luttent pour se nourrir dignement,
Cherchant des solutions pour vivre décemment.

Les mères de famille, les pères travailleurs,
Se battent pour offrir un avenir meilleur.
Ils comptent chaque centime, chaque franc CFA,
Économisent, rationnent, mais les fins de mois sont là.

Les écoles, les soins, les besoins essentiels,
Devraient être accessibles à tous, c'est l'appel.
Mais la vie chère limite les opportunités,
Et les rêves s'éloignent, dans cette réalité.

Alors, malgré les difficultés, la vie chère persiste,
Les Sénégalais continuent la résistance et la lutte
Car la vie, c'est un combat, une lutte quotidienne,
Mais aussi une source d'espoir et de joie sereine.

Que la vie chère au Sénégal trouve une issue,
Que les prix baissent, que l'équité soit diffusée.
Que chaque Sénégalais puisse vivre dignement,
Dans un pays où la vie est accessible à tous, assurément.

XXXIII. La tension politique

Le Sénégal est habité ces derniers jours
D'un vent de bouleversements politiques
Les rues sont remplies de paniques
Des manifestations quasiment toujours

Que les dirigeants écoutent le cri du peuple,
Qu'ils privilégient le dialogue, la compréhension,
Qu'ils mettent de côté les intérêts personnels.
Et œuvrent pour le bien de la nation, avec détermination.

Que les citoyens expriment leur voix dans le respect,
Que la démocratie soit protégée, valorisée,
Que les différences soient source d'enrichissement,
Et que la tolérance soit cultivée, encouragée.

Car la tension politique peut être apaisée,
Par la volonté de construire, d'unir les cœurs,
De privilégier l'intérêt collectif, de tendre vers la paix,
Et de bâtir un Sénégal fort, dans l'harmonie et le bonheur.

XXXIV. Lettre aux dirigeants

Ô mes chers, avec les larmes de mon coeur,
Je vous invite à être des vrais hacktivistes,
A être des producteurs mais non des arnaqueurs
Soyez aux coeur du peuple en tant que socialistes

Il est temps de regarder au-delà des frontières,
De penser à l'humanité dans sa globalité,
De mettre de côté les intérêts personnels,
Et de promouvoir la paix et la solidarité.

Soyez pitoyables et responsables en vers
Les gens se ne sont pas des bêtes ni des pervers
Travaillez, travaillez dans la sérénité

XXXV. L'Amnésie de mon terroir

Mes yeux fixés sur ces oiseaux passants,
Le ruissellement de mes pensées dirige vers
Mon terroir, vers une localité négligée, oubliée...
Avec les larmes de mon cœur, je lance un appel

À l'autorités compétentes
De pensée à sortir Lahi en particulier mais boulel
En général de son coin solitaire
Nous ne sommes pas des mercenaires

Vous êtes élus pour nous représenter
Non pas pour couper notre électricité
Ni pour une simple vengeance
Soyez responsable et ayez la reconnaissance

En vers nous citoyen lambda, vous n'êtes pas prédestiné à la vie éternelle, vous avez un simple
Mandat. Pensez chers *suurga* à résoudre nos soucis
Nous n'avons point besoin que vous nous fassiez des soucis

XXXVI. Sunugaal mon pays…

Teranga, chaleur de cœur,
Symbole de la civilisation sénégalaise, avec honneur,
Un peuple accueillant, généreux et hospitalier,
Qui ouvre ses bras à tous, avec un sourire sincère.

La famille, pilier de la société,
Solide, unie dans la diversité,
Les liens du sang, de l'amour et du respect,
Sont sacrés, tissés avec une affection parfaite.

La musique et la danse, envoûtantes,
Sont l'âme de cette culture vibrante,
Les rythmes sabar, mbalax et autres mélodies,
Résonnent dans les cœurs, avec une énergie infinie.

La cuisine, délicieuse et raffinée,
Un art culinaire à savourer avec passion,
Thieboudienne, yassa, mafé et autres délices,
Symboles de la gastronomie sénégalaise, source de délices.

La religion, islam ou christianisme,
Pratiquée avec ferveur et optimisme,
La foi ancrée dans les cœurs, profonde et solide,
Guide les pas du peuple sénégalais, avec une foi candide.

La langue wolof, mélodieuse et colorée,
Langue nationale, fierté des Sénégalais,
Le français, langue officielle, ouverte sur le monde,
Un héritage linguistique, riche et fécond.

Le respect des anciens, des valeurs traditionnelles,
L'honneur, la tolérance, des vertus éternelles,
La sagesse des anciens, source d'inspiration,
Transmise de génération en génération.

Le sport, passion enflammée,
Le football, roi adulé,
Symbole d'unité, de joie et de fierté,
Les stades résonnent d'une ferveur intense, une fraternité.

Le Sénégal, terre de diversité,
Une civilisation riche en authenticité,
Un peuple attaché à ses racines, ouvert sur le monde,
Une culture forte et vibrante, à la beauté profonde.

Voilà la civilisation sénégalaise, empreinte d'histoire,
Un héritage précieux, une fierté à chaque pas,
Un peuple résilient, généreux et fort,
Qui rayonne par sa culture, son cœur, son trésor.

XXXVII. Mon village natal

A la planète parfumée que les cieux caressent,
Mère des souvenirs, maîtresse des maîtresses
Ô toi que j'eusse aimé ! Tu m'es une allégresse
Neutralisant mon désarroi et bien ma détresse
C'est toi la résidence de cette vaillante jeunesse

Humble et motivée elle travaille avec délicatesse
Endurante, cette jouvence est une enchanteresse
Ravivant la vigueur avec modestie et politesse
La verdeur de mon terroir est comme une déesse.
Affectueuse, elle travaille pour son adresse.
Honneurs indescriptibles à cette jeunesse

Indépendante non seulement aux promesses
Néfastes des manipulateurs qui ne cessent
De réclamer nos têtes. Ô l'infatigable jeunesse
Avec tes forces on peut battre cette sécheresse
Ô mon berceau! Je t'offre à l'infini mon altesse

XXXVIII. Aire promise

Sur l'horizon des silences bleus
La nostalgie habile les sens
Des souvenirs irriguent mes yeux
De couleurs aux éclats de romance

Flux et reflux des désires
Le regard porté vers les lointains lieux
Refuges de cacher des souvenirs
Aux murmures d'image lumineux

L'esprit sur les flots s'élance
Sur la barque de nostalgie
Voyage sur les flots de l'absence
Oh mon village natal Lahi !

Ô toi que j'eus aimé !
Quand reverrai-je ce beau paysage ?
Toi qui regorge mes pensées
Je ne t'oublierai jamais

L'HÉRITAGE DE L'AMOUR

"Les souvenirs d'amour sont notre héritage éternel."
- William Wordsworth

XXXIX. Le métier de calligraphe

Lui c'est mon Calligraphe adoré,
L'homme à la plume bien maîtrisée
Un travail fait avec sincérité et sérénité.
Un exemple à suivre pour tout jeune qui veut réussir

Car pour lui il n'y a pas de sot métier même si c'est dur à vrai dire
Rien n'est jamais acquis à l'ombre de sa force
Voilà ce que me disait un sage « Ibrahima, s'efforce
À gagner ta vie pour ne pas être dépendant»
Oui mon cher Ndéné le calli tu ne seras point dépendant
Le jom, la volonté voilà les vertus que tu ne cesses de démontrer,
Pour que les jeunes puissent te suivre sans reculer.

Une telle leçon de la vie,
Doit être la conduite des hommes avertis.
Mon jeune calli merci.

XL. Mon océan de joie

Devant ce beau paysage
J'ai essayé d'écrire ton beau visage
Fatigué d'imaginer cet immense bonheur,
J'affirme que tu es mon unique honneur

Oh! Ma belle chérie, je t'aime sans fin
Oui mon amour n'a même pas de coin
Ni de limite mais, elle est ma sève
Raison de plus tu occupes mes rêves

Ma chérie, ton amour est source de vie.
Sans toi ma chère, personnes ne rit
Celle dont je dis tout ceci est ma mère
Ô toi mon âme, tu m'es un repère,

Qui me libère des soucis de la vie
Comment qualifier l'essence de ma vie ?
Ô toi que j'eusse aimé, tu es mon océan
De joie. Je te chante tu es mon diamant

XLI. Éloge à Mon Double Éponyme

À Samous Diallo, Le Poète Saloumiste

Toi le dépôt des mots clés, ô toi l'élément essentiel
De mon chemin, je salue ton véritable potentiel
Je ne saurai terminer cet ouvrage sans résumé
La personne que tu représentes pour moi. C'est

Toi l'étoile qui brille au loin, mon idole,
Toi qui m'émerveilles, toi qui me console,
Par tes mots, ta musique, ta voix si pure,
Tu es mon inspiration, ma passion, ma cure.

Ton nom est mon homonyme, un lien secret,
Un destin croisé, un rêve parfait,
Comme si le destin avait choisi,
De nous unir par ce nom, dans nos vies.

Tu es mon guide, mon étoile du Nord,
Ta présence m'électrise, me remplit d'essor,
Ton talent m'éblouit, me pousse à rêver,
Tu es mon idole, mon phare éclairé.

Je te suis depuis longtemps, telle une ombre,
Te soutenant dans ton ascension sans nombre,
Admirant ton talent, ton charisme éclatant,
Tu es mon homonyme, mon modèle enivrant.

Tu as conquis le cœur de milliers de fans,
Et pour moi, tu es bien plus qu'un homme,
Tu es une étoile filante dans ma vie,
Mon idole, mon homonyme, mon inspiration infinie.

Je te célèbre, avec ce poème dédié,
A toi, mon idole, mon homonyme adoré,
Tu es un exemple pour moi, un rayon de lumière,
Merci d'exister, de briller, de m'éclairer.

XLII. Aux racines principales

Je ferme cette parenthèse pour enfin m'épancher
Oui même si je ne suis pas un descendant de Molière
Je vais me baragouiner, afin de dénoncer ces vipères
Oui ces calculateurs, qui détruisent nos sociétés.

Que c'est vrai la théorie de l'infériorité a longtemps
Affecté les consciences de nos braves femmes
Notez que la femme est plus intelligente que l'homme
Elles ne sont pas laissées exprimer malheureusement

Hélas ! Absolument aucune femme ne devrait subir
Le barbarisme de certains hommes.
Mais aussi la formation d'une femme
Ne doit pas passer par un canapé d'un vampire

Un homme qui ne voit qu'à travers la femme un objet
Pour uniquement assouvir ses désirs. Quel lâche !
Je pense à ces jeunes filles violées par un proche
Mais par peur d'être pointé du doigt par peur d'être jugé

Par une société hypocrite et injuste elle se tait
Je pense également à cette épouse régulièrement
Battue, mais de peurs d'être la risée d'une communauté
De peur d'être la honte, se meurt dans la cassure du *sutura*

XLIII. Libération en Vers

J'ai cette envie profonde de m'épancher,
De laisser libre cours à mes pensées, sans retenue,
De déverser mes émotions, de les laisser s'exprimer,
De partager mes joies, mes peines, avec cette plume ingénue.

Les mots sont mes alliés, mes compagnons fidèles,
Ils sont les témoins de mon âme, de mes élans,
Ils m'accompagnent dans mes moments de querelles,
Et me soulagent lorsque je me sens désemparé, impuissant.

Alors je me laisse porter par cette inspiration,
Qui jaillit de mon cœur, de mon esprit tourmenté,
Je laisse les mots s'enchaîner avec émotion,
Comme un torrent d'idées, de sensations, de vérités.

Je me livre sans retenue, sans tabou,
Je parle de mes joies, de mes amours, de mes peines,
Je laisse les mots évoquer mes souvenirs doux,
Et je les laisse exorciser mes blessures anciennes.

M'épancher en poésie, c'est me libérer,
C'est donner une voix à mes émotions les plus profondes,
C'est partager avec les autres, sans me censurer,
C'est mettre à nu mon âme, sans artifice, sans frondes.

La poésie est ma confidente, ma complice,
Elle m'offre un refuge, une échappatoire,
Elle est mon exutoire, mon élixir, mon délice,
Elle est ma manière de m'épancher avec ferveur.

Alors, je laisse les mots s'envoler,
Sur le papier, dans l'air, dans l'univers,
Je les offre au monde, sans me retourner,
Et je me sens plus léger, plus libre, plus sincère.

Car m'épancher en poésie, c'est laisser mon cœur s'exprimer,
C'est donner vie à mes émotions, les laisser vibrer,
C'est partager mon essence, mon être véritable,
Et c'est ainsi que je me sens pleinement et authentiquement

Printed by Books on Demand GmbH, Norderstedt / Germany